UN CAZADOR DE TORMENTAS

Fernando León de Aguiar

EDITORIAL

Poesía...
eres tú.

Un cazador de tormentas

Primera Edición 2024
© Fernando León de Aguiar 2024

© Editorial Poesía eres tú.
https:// poesiaerestu.com
C/Dr. Fleming Nº50, 4ºD
28036 Madrid
Teléfono: 34 91 999 13 12

ISBN: 978-84-18893-78-0
Depósito Legal: M-20555-2024

UN CAZADOR DE TORMENTAS

FERNANDO LEÓN DE AGUIAR

CAZADOR DE TORMENTAS

Tras varios años de esos vacíos,
de esos años en que no te dejas sentir,
que vas de una cama a otra, y a otra,
de esos años sobre los que prefieres mentir,
y que solo tú sabes cuánto dolieron.

Pero si esos años para algo sirvieron,
es para saber que no me gustan las mujeres sombrero,
esos romances de una estación como los vaqueros,
de esas pasiones sin sentimientos,
vamos que no me van los amores calmado,
de esas vidas sumidas en lo monótono,
vamos que todos hemos tenido el corazón roto.

Digamos entonces que viene de Venus,
o que ataca con los rayos de Zeus,
Venga que te apetece quedarte es esa tormenta.

Sucede cada tres semanas,
dura dicen los expertos que tres días,
si me preguntas a mi parecer,
dura 3 días en Málaga,
y otros 20 la sigo sintiendo en Barcelona.

Pues sí...
        Creo que me convertiré...
                En el cazador sus tormentas...

¿CÓMO LA DEJARON PASAR?

Me he convertido en un asiduo viajero,
creando un puente aéreo a su cuerpo,
y es que se me hace difícil de entender,
¿cómo dejaron pasar de largo sus amaneceres?,
¿cómo no vieron la magia en esa mirada?,
¿cómo se puede dejar ir tanta fantasía?

Y es que si ella como todos tiene días malos,
días en que quiere perderse para poder volver,
también llora y se pierde para encontrarse.

Pero cuando la escucho reír quiero verla,
me encanta esa sonrisa cuando sabe que la observo,
y me sigo preguntando ¿cómo dejaron ir tanta belleza?,
me pregunto —¿cómo lo hicieron?—.

Si yo duermo cada noche solo para soñar con ella,
si quiero hacer el invierno eterno para hacerla mi hoguera,
si mis días son mejores cuando pienso que volveré a verla,
con lo bien que queda mi mano más abajo de su espalda,
nuestras piernas entrelazadas,

cuánta arte...
¿Quién no quiere ser el lienzo?,
y que sus uñas dibujen en él lentamente,
¿quién no quisiera hacer eterno?,
el sabor de sus gemidos,
¿quién no quisiera el campo?,
y hacer de ella un regadío.

Es que ella, cuánta arte...
Su mira pinta auroras boreales,
sus manos provocan desastres naturales,
sus palabras detonan defensas, con bombas nucleares,
¿cómo alguien pudo dejar ir toda esa arte?

Si yo la busco cada día en los poemas,
de Bukowski, Marwan o Neruda,
en esos que escribieron pensando en otras damas,
en otras musas que no eran como ella,
pero me hacen en cada palabra sentirla,
cada verso, cada una de esas estrofas,
y es que yo a ella la siento en poesía,
y la leo con mis dedos...

MÁSTER EN CARTOGRAFÍA

Quiero sacarme un máster en cartografía,
y así poder dedicar cada uno de mis días,
a dibujar los planos de tu geografía,
a trazar las líneas de los lunares de tu espalda,
tomarles las medidas a tus continentes,
el mapa de tus montañas, hasta tu laguna,
los desastres naturales de tus seísmos,
benditos desastres, qué sabia la naturaleza,
tomarle el peralte a la curva de tus piernas,
el mapa mundi que se esconde en tu cintura.

LA PIEZA PERFECTA

Y ahí estaba ella entre mil piezas,
y ahí estaba con su sonrisa,
que le decía ¡hey soy esa pieza!,
encajo en tu rompecabezas,
en tu puzle incompleto,
si vieran ese como la vi en ese momento,
parecía que podría encajar por completo,
y en ese instante se detuvo el tiempo.

Y ahí estaba con sus ojos color fantasía,
con esa mirada que dibuja a trazos hadas,
con esos ojos color primavera,
con esa mirada que reconstruye las ruinas.

Y es que si la vieras como yo la sentí,
si sintieras ese momento en que de verdad la vi,
solo así podrías entender lo que sale ahora de mí,
y es que fue ahí cuando comprendí,
que quería fundirme en sus brazos,
que quería sentir el calor de sus brazos,
estaba queriendo acompañar sus pasos,
que me pintara un camino con sus trazos.

Se convirtió en el primer y último mensaje,
cada día,

y de repente estaba en ese aeropuerto,
en la sala con miedo, con ganas de huir,
con el puto miedo, miedo a que fueras diferente,
o que tus palabras que se leían como verso de Neruda,
no sonaran igual cuando las decía tu boca,

tomé el vuelo pero ahí seguían las dudas,
joder y estabas tú, con misma sonrisa,
y cuando hablabas ya no sonaba a un poema,
tu risa, tus labios eran algo como una partitura,
tanta gente en la ciudad y yo solo buscaba tu mirada,
mis latidos se aceleraban cada vez que te acercabas,
tú veías venos, yo solo quería que me acariciaras,
solo quería poder tocarte,
me ganaba ese miedo de perderte,
los miedos, las dudas, me impedían besarte,
te tenía ahí a mi lado, resultabas impresionante,
tan cercana, tan calidad... era imposible dejar de abrazarte,
pero tú tenías que marcharte.

A la tarde siguiente, me dijo que no le interesaba,
quedé triste, se me fue todo abajo;
quise irme, irme lejos,
tomar el primer vuelo a Barcelona,
de nuevo los fantasmas, de nuevo mis miedos,
pero tú los borraste al verte de nuevo,
mi mente me decía que saliera corriendo,
pero mi corazón quería ponerle huevos,
y ahí llegaste tú para abrazarme,
tú en defensa propia querías alejarme,
yo buscaba derrumbar esos muros para poder acercarme,
y que así tú en un cambio del destino quisieras besarme,
tus palabras me decían que me fuera,
tu mirada, me decía que te quisiera,
tu mente quería que huyeras,
tu cuerpo me pedía que lo abrazara.

ENERO ENTRE SUS BRAZOS

Una noche de enero, pudo parecer verano,
cuando la tenía entre mis manos,
cuando sus defensas tambaleaban,
al compás de mis dedos bajando por su espalda,
por sus muros que no se derrumbaban,
con la noche consumiéndose en cada calada,
su piel no conocía el miedo a sentir,
pero a sus miedos preferían mentir,
solo que al ritmo que su cuerpo sentía, sus labios mentían,
y yo sé que le gustaba, pero en el fondo le dolía,
dolían sus miedos, me sanaban sus caricias,
fue perfecto despertar en su sonrisa,

dentro de ella había un incendio,
ardía la lucha entre sus miedos,
se peleaba entre los lagos de su cuerpo,
y le dolía, le dolían el tener sentimiento,
y pasaban las horas,
una a una amarrado a sus caderas,
y mis miedos desaparecían,
en cada una de sus caricias,
se hacía un agujero en mis defensas,
ya no me protegía,
ahí llegó la despedida,
ahí se abrió otra herida,
ahí me encontré yo a la deriva.

Motivos para huir y una verdad para quedarse

El miedo a intentarlo te rompe,
a no ser suficiente para ella,
o quizás que te cambie por otra boca,
puede que no querer volver a llorar,
temor a qué pasará si te enamoras,
¿cómo quererla a la distancia?,
pero es que te aterra,
despertar mañana por la mañana,
sin haber podido siquiera soñarla,
lo que llamamos motivos para huir...
son solo miedos de perderla,

y es que en el fondo conoces la verdad,
no es más que todas tus heridas,
sintiéndola pasar de cuclillas,
directamente al centro de ti,
y tus motivos no soy más que el miedo de tu piel,
a otra herida, a volver a sentir,
y la verdad es que tienes miedo de perderla,
son naturales tus ganas de huir,
al igual que tus ganas de besarla.

Resumen de la verdad para quedarte
                    Ella.

Tu pista de aterrizaje

Me nubló la vista la bruma de las dudas,
el miedo a sentir que reforzaba tus ataduras,
dubitativo entre soltarte, dejarte libre,
el temor de amarrarte, no dejar que despejes,
y mis ganas de quererte; de acompañarte en tu viaje,
el deseo de besarte; de ser tu pista de aterrizaje,
de ese vuelo con turbulencias de tu pasado,
que solo fue el prólogo de esta historia,
acribillar tus fantasmas con nuevas memorias,
darle carpetazo a nuestros miedos.

Dejar atrás esas noches de sexo vacío,
dejar el placer de esos cuerpos fríos,
dejar de guardarme lo que siento para mí,
y abrir la ventana de mi interior para ti.

Cambiar esas noches pasadas, tristes,
por el calor de tu abrazo en mi espalda,
por el púrpura de tu sudadera,
por la fantasía de tus ojos que no mienten.

Me encontré aquí solo con un porro,
recordando la nostalgia de tus ojos,
ese viernes de madrugada,
sabía que podía ser la última vez que te acariciaba,
pero ahí estabas en mis brazos acurrucada.
Con esa sonrisa de tu niña interior,
que se brota en ti como brota una flor,
cuando te sientes segura,
cuando te sientes cómoda,
cuando guardas tus armas, y no sientes temor,

y tus besos no dibujaron una despedida,
tu alma me pedía que volviera a verte,
y tu pircing que volviera a morderle.

Y hoy siento que puedo perderte,
pero mi miedo es coser tus alas,
impedirte volar y que no seas feliz,
que sientas que te ato a mí,
y es que no quiero impedirte volar,
porque me gustas, pero me gustas libre,
me gustas cuando eres arte,
cuando coges tu pincel y vuelas en fantasía,
me gustas cuando eres poesía,
en te conviertes en versos en miente.

Entregando la llave de mis heridas,
bajando mi arsenal de defensa,
abriendo los caminos de mis miedos,
esperando que no quieras salir corriendo.

Un poema para tus días triste

Esos en que las lágrimas caen sin motivos,
recuerda entonces que luego de las tormentas,
soplan vientos empujando sueños en cometas,
que siempre puedes contar conmigo,
y luego de la lluvia el sol pinta arcoíris,
que ya vendrán días con menos grises.

En tus días tristes,
piensa que mis días son más felices,
desde que me di de bruces,
con los ojos de tu tormenta,

en tus días tristes,
deja emigrar tus sueños al sur,
como hacen las golondrinas,
para volver en primavera,
vuela, vuela y regresa siendo tú.

Quiero volver a mirarla

Quiero volver a mirarla,
cuando luego de un seísmo en su cuerpo,
aterriza suavemente sobre mi pecho,
y mirar a la ventana, el cristal empañado.

Quiero volver a mirarla,

cuando desfila por un pasillo de madrugada,
con su camiseta ancha,
o solo con sus bragas.

Quiero volver a mirarla,

cuando cierro los ojos,
y quien la mira son mis dedos,
quienes ven en braille su cuerpo.

Quiero volver a mirarla,

cuando se sienta en una esquina,
y sus miedos de ella se escapan,
ahí libre se ve tan libre tan segura.

Quiero volver a mirarla,

cuando sus sueños despejan,
coge el papel un lápiz y los plasma,
y ahí su fantasía la hago poesía.

Quiero volver a mirarla,

cuando la tengo abrazada,
cuando la traigo con sus pechos y siento su espalda,
y hacemos que el mundo se detenga.

Quiero volver a mirarla,

desfilando por mis sueños de madrugada,
y al despertar la veo desfilar a mi lado en la cama,
dándome cuenta de que no la soñaba.

Quiero
escuchar
tsunami
reír
volver

quiero tenerla,
escuchar sus gemidos,
tsunami entre sus piernas,
reír contigo,
volver a verte.

Perdóname

Perdóname por ser tan intenso,
por quererte cada hora entre mis brazos,
por querer mostrarte mi universo,
perdóname por querer callarte con un beso,
por querer sepultar tu pasado en mi regazo,
por querer cambiar tus sentimientos,
perdóname por sentirte tanto,
por enviarte cada día mis versos,
por desvelarte con mis ronquidos,
perdóname por querer tus gemidos,
por tocarme pensando en tu cuerpo,
por querer verte por dentro,
perdóname por estarte queriendo.

Perdóname por quererte,
por desearte,
por crear este desastre,
por hacer de lo que siento arte.

Volar con ella

Tengo dudas, cuando me encuentro a oscuras,
y al imaginar su sonrisa todas desaparecen,
si la sueño en mis sueños siento que vuelo,
y es ahí a 3 pasos del cielo,
que vuelven esas dudas que me escuecen,
pero ella con un beso las cura,
solo que despierto ahí no está su cintura,
donde mi presente imperfecto,
se volvía presente perfecto,
si en mi regazo tenía su figura,
si me tejía entre sus piernas,
a su lado las noches no parecían tan eternas.

Tengo miedo, de no ser lo que espera,
de no poder derrumbar su barrera,
en donde guarda su ser en una coraza,
y que solo hiere cuando abraza,
tengo miedo, de no poder acariciar su alma,
de no poder después de su tormenta,
de no ser después de su guerra interna,
tengo miedo, de en ese momento no ser su calma.

Tengo ganas de ver su sonrisa,
de ver sus cabellos volar con la brisa,
de hacer de ella poesía,
de sus artes, de su fantasía,
de la paz de su mirada,
de ver su rostro con el que soñaba,
de sentirla en calma,
cuando mi brazo le sirve de almohada,

y ahí en silencio sonríe, y yo la veo segura,
y ahí en silencio sonríe, y yo la veo tan tierna,
y ahí en silencio sonríe, y la paz se hace eterna,
y ahí encontrarme aferrado a su figura,
tengo ganas de volar con ella...

Como una tormenta

Apareciste como una tormenta,
dejando un caos a tu alrededor,
volteándolo todo en mi cabeza,
dejando mi mundo del revés,
todo comenzó cuando sonreíste,
con tus labios de miel color cereza,
de repente mi mundo se llenó de resplandor,
había visto el ojo de la tormenta.

Qué guapa te ves con esos ojos color libertad,
con esa sonrisa de niña,
con tu traje de princesa rota,
con ese cuerpo de mujer,
toda la ciudad ardía de repente,
pero a mí solo me interesaba tu boca,
tembló en Barcelona, se derrumbó Caracas,
pero a mí solo me importabas tú...

Qué guapa te ves siendo libre,
cuando llueve en ti,
cuando tiembla Madrid,
y por unos segundos el mundo no existe,
se apaga Paris,
y solo estamos tú y yo aquí
fue contigo que aprendí,
el porqué los huracanes tienen nombre de mujer,
vientos que soplan sobre tus mares,
rayos, truenos, diluvios en la habitación,
dejando un incendio a tu paso,
dejando mi mundo en pedazos...

Viéndola pintar

Ahí estaba yo sentado mientras la miraba,
siendo la heroína de su cuento de hadas,
con sus cicatrices de batallas pasadas,
con la ilusión en su mirada,
trazo a trazo su pincel plasmaba,
fantasías que su mente imaginaba,
dejando en papel el arte que ella soñaba,
haciéndose arte en cada pincelada.

Ahí con esa magia que desprende al sonreír,
con su mente en otros mundos,
con la mirada en un horizonte de papel blanco,
jugándose la vida al borde de un barranco,
o volando en un océano profundo,
dejando en un folio lo que sueña sin dormir.

LA CIUDAD

Cada noche en la ciudad,
tiene una mezcla de sonidos atípicos para la naturaleza,
está llena de su particular belleza,
una pareja espera en un cruce,
los autos y sus luces,
iluminan el paisaje,
el caminar de una bella mujer,
cuánta paz y cuánto caos en la ciudad.

Hay diferentes colores,
diferentes sonidos y aromas,
en un bulevar que ve pasar,
un baile de multitudes,
un beso de dos extraños bajo una farola,
las luces que alumbran la avenida,
robos de corazones en cada esquina,
una mezcla de culturas,
credos, colores y razas,
en este zoológico que todos llamamos ciudad.

BUSCÁNDOME EN TI

Difícil entender el motivo,
que me inspira a buscar en ti,
aquello que no encuentro en mí,
contigo siento que estoy vivo.

Difícil entender cómo opacas mis defectos,
con tus virtudes y aciertos,
logras hacer de días grises,
tardes con colores,
con tan solo el perfume que emana tu cuerpo,
con el sonido del viento cuando corta pelo,
con el parpadeo de tus ojos,
que me alegran de tan solo mirarlos,
en ti para mí todo es perfecto,
porque te quiero…

VENEZUELA

Noviembre y yo lejos de ti,
añorando tu calor,
extrañando tu paisaje,
con tus recuerdos de equipaje,
y el mar que me recuerda tu olor;
frío; frío otoño y yo sin ti.

Lo llevo calado hasta los huesos,
las montañas de tu cuerpo,
el calor de tu Caribe,
de sus labios que me reviven,
y es que eres fuego,
en la brisa aún recuerdo el sabor de tus besos.

ELLA ES

Ella, sí ella es,
la dinamita de mis versos,
sus labios, las alas de mis mariposas,
la dueña de mis horas,
sus besos; me calan hasta los huesos,
ella, el sueño de mis noches,
ella, sí ella es,
magia, el solo mirarla,
pasión, al solo besarla,
peligro; el solo tocarla,
utopía; el poder amarla,
ella es magia,
ella es pasión,
ella es peligro,
ella es una utopía,
ella es fuego,
ella es hielo,
ella es invierno,
y es primavera,
ella es nada,
y lo es todo…

QUIERO APRENDER A DIBUJARLA

Quisiera aprender a dibujar.
Entonces poder mostrarles la imagen de estos versos,
ese plano de su sonrisa de perfil a mi lado,
dormida con la luz de la mañana alumbrando,
en mi mente esa imagen como una fotografía,
se ve tan frágil, pero tan tranquila con alegría,
podría dibujarles cómo cambia su cara,
por cada caricia que sube por su espalda,
o por la que baja por sus piernas,
en fin...
como sé que no voy a poder hacer en trazos,
lo que sí puedo plasmar en mis versos,
les pido que se imaginen a la chica de sus sueños,
ahora imaginen ver su cara al despertar,
y observarla a tu lado por la mañana,
pues así la veo yo cada día que despierta a mi lado.

TIEMPOS DE TINDER

En los tiempos en que nos encontramos,
resulta que el verbo querer se ha vuelto una carga,
en los que hemos decidido amar con pinzas,
basando nuestros sentimientos,
en la feliz imagen que vendemos,
en Instagram, en los like que tenemos.

Buscamos el amor por Tinder,
vendemos una foto y 4 frases clichés,
qué fácil se nos ha vuelto el sexo,
si nos resulta más difícil ir a la cafetería por un expreso,
decimos cuatro palabras, cinco frases,
seguidas de ¿en tu casa o en la mía?

Qué difícil nos resulta dejar que nos vean por dentro,
no quedas con la chica con la que tanto te encanta hablar,
simplemente porque no saldrá bien para tus fotos,
pero sí sales con la rubia de ojos azules que te aburre
escucharla,
vamos que prefieres impresionar a tus seguidores.

Al final lo resumo todo en el miedo que tenemos a sentir,
preferimos usar nuestro cuerpo,
como moneda de cambio,
la recompensa de esta transacción "el placer",
¿pero qué pasión obtienes con alguien que no conoces?,
eso no es pasión, es simple lujuria,
y al final quedamos con un alma vacía,
rotos por dentro y con un mar de dudas,
nos vamos acomplejando de nuestro cuerpo,
vamos intentando sentir lo menos en cada encuentro,

—venga le respondo en 3 horas si no pensará que estoy
interesado—,
y es que tú sabes que si le demuestras las ganas de volver a
verla,
ella se va a ir por miedo a arriesgarse a sentir lo mismo,
por el miedo que tenemos a caminar por ese abismo,
pode ir juntos por esa cuerda floja,
que los poetas ingenuos solemos llamar amor.

UNA UTOPÍA POSIBLE

Hoy estaba pensando,
¿por qué me fije en ella?,
¿por qué tengo esas ganas de escucharla?,
¿qué me hace desear verla?,
¿por qué siento miedo de perderla?

Es que la primera vez que la vi,
—dije esta tía es una chica muy bella—,
y es que sí les digo ella era guapa,
pero no fue eso lo que captó mi atención,
pensé —venga no es la más guapa que has conocido—,
pero estoy seguro de que yo tampoco lo soy para ella,
tampoco fue su cara, que les cuento tiene magia,
ni lo sexy que es, aunque no le podía quitar la mirada,
fue algo más, era una chica diferente,
parecía importarle poco lo que pensara la gente,
no lo sé, me fijé en lo libre de su sonrisa,
una sonrisa que les digo es muy risueña,
aunque se notaba la habían roto tantas veces,
al verla, vi una mujer llena de ilusión.

Y es que se ha convertido en mi mejor mensaje por la mañana,
cuando mis días son buenos,
siempre quiero que llegue la noche para contárselos,
ella escucha cada uno de mis monólogos,
se ríe de mis chistes, aunque son terribles,
y aunque también se ríe de mí,
yo disfruto de escuchar su risa,
también cuando mis días son malos,

esos días en los que parece que eres cerbero,
que no hay nada que puede con la bestia que llevas dentro,
su voz de disfraza de lira y ella las calma como Orfeo,
escuchar su voz, es la melodía que calma mis demonios.

Cada día es más el deseo que tengo de verla,
pero no es por las ganas que tengo de besarla,
ni por lo mucho que quiero voy a tenerla,
entre mis brazos cuando despierte,
quiero verla les diré sinceramente,
por la paz que me da cuando estoy a su lado,
por lo bien que suenan con ella los silencios,
porque a su lado el mundo parece más bonito,
el invierno se hace menos frío,
las noches se vuelven más cortas,
y lo que pase fuera nada nos importa.

Me da terror pensar que esto terminará,
volver a tener que dormir sin escuchar su voz,
que mis manos tengan que olvidar,
el mapa que dibujaron de su cuerpo,
que mis ojos deban buscar en otros ojos,
la ilusión que lleva en su mirada,
que mi boca tenga que olvidar su sabor,
cuánto miedo que da el solo pensar,
que llegará el día que ella no estará,
para arreglar mis días tristes.

Entonces me respondí,
¿por qué me fije en ella?,
es fácil, ella es magia,
¿por qué tengo esas ganas de escucharla?,
sus palabras me suenan a música,

¿qué me hace desear verla?,
su simple presencia me da paz,
¿por qué siento miedo de perderla?,
es el combustible de mis poemas,

en resumen
ella ha sido una utopía posible.

INTENTAR SER VALIENTE

Quiero agradecer a mis romances del pasado,
esas mujeres, a las que solo les dejé tocar mi cuerpo,
inspiraron gran cantidad de poesía, no voy a negarlo,
encontré en ellas mucho placer, pero siempre dejaron un vacío.

Y no era culpa de ellas,
la culpa siempre fue mía,
que nunca me dejé conocer,
siempre fui con mis soldados al frente,
sin sentir, armado de cobardía.

Pero hoy pienso que para querer hay que ser valiente,
pienso que es imposible llenar mi vacío interno,
teniendo el cuerpo con el calor de verano,
y nuestros sentimientos con el frío del invierno.

Siempre me negué a que me conocieran,
que mostrar mis sentimientos era solo debilidad,
tocaba con cautela, sentía con frialdad,
mi clásico siempre fue correr, huir,
siempre con el miedo a sentir,
siempre excusas con tal de no conectar.

Siempre escribiendo al pasado,
a historias que no dejé que ocurrieran,
a cuerpos de los que me fui sin pagar la cuenta,
pensando que solo podía escribir desde la nostalgia.

Escribí de amores imposibles,
de mis noches rotas,
—camarero ponme otra copa—,
que mis versos necesitan combustible.

Es que el dolor del desamor,
te cala por hondo,
lo sientes sin dudar en tus huesos,
es como cargar 50kg en los hombros,
y siempre, siempre escribí de ello.

Hasta que la conocía a ella,
sin saberlo me enseñó a abrirme,
a que admitir que sentía me hacía valiente,
por primera vez no tenía miedo de romper,
sin ella no estarías hoy leyendo estos versos.

Aprendí a su lado a tocar más que su piel,
a desear más su compañía que su cuerpo,
a escribir desde la ilusión,
y no desde la tristeza.

Que hablar de mis miedos era sano,
que ser imperfectos nos hace humanos,
y no sé si cuando leas esto ella me siga inspirando,
o que mis poemas futuros no vengan de un corazón roto,
lo que sí puedo es estar seguro,
que me ha cambiado el haberla conocido,
y es que las caricias serán siempre mejores,
cuando dentro de ti las sientes.

Te mentiría si no te digo que ha sido difícil,
porque lo ha sido,
porque me ha dolido,
no es fácil dejarte conocer, no voy a mentir,
lo que más me costó fue dejarla conocer mis heridas,
—si siempre las tuve ahí bien protegidas—,
como cuando escondes el polvo bajo la alfombra,
sabiendo que eso te da alergia.

Hoy me siento mucho más libre,
mucho más feliz, he perdido el miedo a ser yo mismo,
al final todos necesitamos que alguien nos dé esa confianza,
y mira que ella nunca fue consciente de que lo hacía,
pero a mi pasado le quiero dar las gracias,
pues de él aprendí lo que no quería,
y es que no quiero volver a ser el cobarde,
que buscaba defectos para salir corriendo,
que cavaba su vacío emocional con sexo,
al final la pasión y la lujuria,
me enseñaron como es que no se sentía,
y hoy yo quiero ser el valiente que no tiene miedo a sentir.

UNA DESPEDIDA CON ABRAZO AL FUTURO

La verdad yo no quería irme,
deseaba quedarme con ella,
solo quería hacerla sonreír,
pero sonreír con ilusión,
no con una de tristeza,
pero el adiós se veía venir,
ella me quería podía sentirlo.

Y viéndolo desde su perspectiva,
yo solo le sumaba piedras a su mochila,
es que sus sentimientos no estaban helados,
solo que su corazón aún vivía en el pasado.

Y cómo quedarme,
cuando sabía que te hacia daño,
y aunque sé que me costará dormir por las noches,
solo tardaré en olvidarte,
19 días tan solo 19 días,
y las 500 noches que pasé viendo el techo pensando en ti,
—¡¡¡qué grande que eres sabina!!!—,
y no le escribo una despedía,
solo te cuento el porqué te dejé ir,
espero que vuelvas,
que cuando el invierno del pasado,
deshiele con la entrada de la primavera,
me busques que yo seguiré viviendo en ti.

Si algún día sientes que el mundo se viene abajo,
que el fuego de tu ilusión se ha apagado,
o simplemente levantaste con el pie equivocado,
recuérdame,
búscame,
yo siempre te tendré un abrazo guardado.

KAMIKAZE

Y estaba ella con su arma lista para disparar a quema ropa,
apunto directo a mi pecho, con la valentía de no verme la cara,
y dijo —no quiero que vuelvas— mientras me apartaba la
mirada,
al final resulta que su arma era de fogueo.

Ella no quería disparar,
ni quería que me marchara para no volver,
ella solamente no quería vivir otra noche el riesgo intenso a
sentir,
ella solo quería resguardarse, prefería mentir,
se eligió a ella, y arrancó a correr,
y cómo culparla —¿quién quiere el riesgo de llorar?—.

En las noches previas había calma,
esa con silencios que anuncia una tormenta,
con esos vientos que te hacen sentir que lloverá,
la última noche sopló un coletazo de calor —esos que soplan
en septiembre—,
anunciando la llegada del invierno con su desdén,
ella quiso cuidarse y puso sus sentimientos bajo cero,
y cómo culparla, si ella pensó que era solo deseo.

Lo difícil no fue que ella me dejara ir,
ni el retumbar en mis oídos de sus disparos,
fue que yo no tenía miedo a ser herido,
y tampoco quería buscarla en otro cuerpo,
al final ella tampoco quería apretar el gatillo.

Yo que nunca aprendí a medir los riesgos,
me quise quedar al borde de su precipicio,
y aprender a coexistir con sus miedos,
a soportar sus envistes intentando alejarme,
en fin, me volví un kamikaze al borde de sus huracanes.

MIEDOS

Ayer al despertar lo veía todo gris, todo oscuro,
pero en Málaga hacía un sol que me dejó quemado,
quizás ha sido no despertar con ella a mi lado,
o los fantasmas que habitan en mi pasado,
que por la noche me susurraban al oído,
cuidado chaval que te estas enamorando,
era más esa sensación de saber que corres peligro,
de querer volver a pasar la llave y salir corriendo,
que las ganas que yo tenía de irme huyendo,
hoy afuera está lloviendo,
a mi lado de la almohada se encuentra ella durmiendo,
y anoche me dormí viéndola sonriendo,
¿cómo puedo explicarle a ella que me ha devuelto la ilusión?,
esa que había dejado aparcada a un lado del camino,
¿cómo puedo decirle lo mucho que la quiero?,
sin que ella se quiera morir del miedo,
¿cómo puedo hacerle saber que quiero despertar cada día a su lado?,
que lo dejaría todo atrás solo por cada mañana despertarla con un beso,
¿cómo podría decirle que desde el día que la he conocido?,
se me hizo grande Barcelona, se volvió un infierno,
y ella se ha convertido en mi refugio perfecto,
lo más difícil de todo esto,
es tener que dejar guardado lo que siento,
y no es por ser egoísta,
que me deja los te quiero guardado, es más por la cobardía,
que recorre mi cuerpo cuando siento que se está alejando,
no por ser impaciente,
es que en mi garganta las palabras se están suicidando,
y yo me considero una persona valiente,
es que me aterra no tenerla en mis días.

DESDE QUE LA CONOCÍ

Desde que la conocí,
hemos llorado,
hemos reído,
nos hemos hecho daño,
y lo hemos reparado,
nos hemos querido,
y hemos intentado huir para volver a encontrarnos,
hemos intentado apartarnos,
pero siempre hay más ganas de cuidarnos,
en fin, nos hemos topado,
con lo que ninguno estaba buscando,
y en este camino he aprendido,
a quererla,
a entenderla,
aunque a veces duela,
que es un deporte de riesgo despertarla,
y que es ella,
cada día la dimita,
que detona estos poemas...
y de repente mi tormenta,
esa la cual llevaba meses persiguiendo,
ya no le corrían vientos cálidos,
era menos un huracán y más una ventisca,
que cuando soplaba,
sentías que te abrazaba,
en la piel sentías que quemaba,
cómo quemaba su frío.

HILO ROJO

Hoy me desperté abrazando con fuerza la almohada,
me aferraba a ella pensando que era su espalda,
salí de casa, me puse los cascos y escuchaba un nuevo tema,
le envié algún video jugando con el perro de mi hermana,
y es que creo que solo quería hacerle saber como cada mañana,
que desde el día que la conocí pienso en ella cada día de la semana,
que este camino ha sido más una cuesta empedrada,
que un sendero de flores en un cuento de hadas,
donde los obstáculos eran nuestros miedos,
yo tenía miedo a despertar cada día sin ella a mi lado,
a ella le aterraba la idea de entregarlo todo,
pero lo que realmente la atemorizaba era el pasado,
volverse a ver sola y decir —él también me ha fallado—,
ya han pasado muchas lunas desde que nos conocimos,
y aún no sé si 5 años y 17 días luego de mi nacimiento,
un hilo rojo le dio por zarpar del mediterráneo,
y atarse a mí del otro lado del charco,
es que no encuentro a quien más culpar que al destino,
¿si no cómo es posible que fuéramos tan parecidos?,
si cuando la conocí yo me encontraba tan perdido,
y aunque muchas tardes le escriba un mensaje diciendo lo que siento,
para luego de leerlo un par de veces borrarlo,
para no agobiarla diciéndole lo mucho que la pienso,
para no decirle que dibujo las curvas de su cuerpo,
que no sepa que duermo mejor las noches que la he escuchado,
que mis mejores mañanas son en las que se dio un paseo por mis sueños,
aunque cuando despierte el colchón este empapado,
y me encuentre solo sin ella a mi costado.

A VECES QUIERO

A veces quiero que sepas,
que me despierto por las noches,
soñando con tus caricias,
escuchando la melodía de tu sonrisa,
con las ganas en la piel de que me beses.

A veces quiero contarte,
que tu silencio a mi lado suena a melodía,
que cuando me hablas le pones color a mi día,
que admiro cómo lograste vencer mi cobardía,
que dejarme ser parte de la historia de tu vida,
ha sido el mejor regalo que me han dado.

A veces quiero decirte,
que acaricio las marcas de tus uñas dentro de mí,
que siento tus caricias por debajo de mi piel,
que llevo noches intentándolas llevar al papel,
que mis mejores días siempre son esos en los que te vi.

A veces también deberías saber,
que hace días duermo con la ventana abierta,
que he dejado de pasarle las llaves a mi puerta,
por si alguna noche quieres volar a mis sueños,
así sería mucho más bonito el despertar mañana.

Gracias por dejarme quererte,
por dejarme ser parte de tu historia,
por darle color a mi poesía,
por no dejarte vencer por la cobardía.

Deseo

Son esas ganas que tengo cada mañana,
cuando abrazo fuerte la almohada,
con mis piernas queriendo que sea ella.

Son esas ganas de verla sonreír,
cuando la aguja del rpm sube,
bajando a 160km por su cintura,
con mis manos agarrando el volante,
llamarle volante a su culo,
cogiéndolo fuerte para un derrape,
tirando del freno de mano,
luego tomar la curva al límite,
al límite del colapso,
volver a acelerar en la recta siguiente,
—y sí sé que se lo están preguntando—,
el deseo es verla sonreír.

Son esas ganas de pedir un glovo para cenar,
de empezar a ver animales fantásticos,
de no recordarme de qué pasó en ella,
de sentir sus uñas por mi cuello,
deseo, son esas ganas de desayunar-la.

Son esas ganas de ver cómo se muerde su labio,
cuando apretó fuerte su seno izquierdo,
el derecho digamos es más delicado,
cuando bajo haciendo prácticas de buceo,
qué hermosa manera de ver cómo se muerde.

Deseo
un
día
con ella
volver
volar

deseo volver a verla,
un poro con ella,
el día entero a su vera,
con ella despertar,
volver a acariciarla,
volar cuando tiene esa sonrisa...

PUDO SERLO

Pudo serlo, —claro que pudo serlo—
me he recordado de Silvio Rodríguez,
y es que los amores cobardes,
siempre terminan huyendo.

Esta mañana al despertarme,
te busqué a mi lado pero tú no estabas.

MI PARQUE DE DIVERSIONES

Yo sabía en lo que la vi que había riesgo,
sus ojos decían —cerrado por derribo—,
podía ver un cartel que decía peligro,
y a mí que me gusta lo extremo.

Tuve un subidón de adrenalina,
como el niño que va al Port Aventura,
y ve su primera montaña rusa.

Me quedé impresionado,
mejor dicho, anonadado,
y según la iba observando,
esa sensación me iba gustando,
es que de ella desprendía,
irradiaba fantasía.

Era bella, qué cara tan hermosa,
y la verdad tengo que confesar,
llegado el momento estaba aterrorizado,
pero quién no se agarra fuerte al subir a estas atracciones,
es normal con tan fuertes sensaciones,
todos hemos pensado en bajarnos de nuestro asiento,
¿quién no ha tenido miedo cuando está por arrancar?,
es en ese momento cuando sabemos que ya no podemos
bajarnos.

Empezamos a gritar,
vemos la caída si abajo observamos,
mejor cógeme fuerte la mano,
que le tengo fobia a las alturas.

Y es que desde entonces,
me hice adicto a su adrenalina,
y cada día me saca una sonrisa,
yo sé que es peligrosa,
pero ya es tarde para medir los daños,
ya no me interesa medir los riesgos,
me gusta su montaña rusa,
quiero que sea...
                mi parque...
            de diversiones...

JUGANDO AL PÓKER

Yo comencé la partida con un par de Ases,
me jugué el pre flop con poca cautela,
llega mi turno, tripliqué la apuesta,
me igualó sin duda confiaba en su suerte.

En el flop un rey y un as de corazones,
con otra carta cualquiera me sentía vencedor,
y me jugué un all in a sus ojos marrones,
pero quién no lo hace con un trío de ases,
ella con una sonrisa tímida me igualó,
poco le importaba si me doblaba en fichas,
si, ella era la reina de la mesa.

Ya todo estaba echado a la suerte,
la mesa pinta una sota de corazones,
ya mi mano no era tan buena,
ella seguía con esa sonrisa,
parecía tener hecha la faena,
mostró un 3 y cómo no la reina de corazones,
se rio y cantó el color.

Era de esas manos que no sabes cómo perdiste,
dices que fue culpa del destino,
puede que me diga —no me acompañan los dioses—,
o que fue culpa de mi mala suerte.

Aunque realmente contra esa cara bonita,
no hay manera de ganar una partida,
aunque sabes muy bien que volverías,
a perder un juego cada día,
solo por volver a verla.

DISLEXIA

¿Quedarte o marcharte?,
¿con ella o solo?,
la primera pregunta,
da igual la respuesta,
ahora sobre la segunda,
ojalá la dislexia solo te deje leer con ella,
quedarte con ella,
marcharte con ella,
llama dislexia a obviar el "solo",
para vivirlo todo a su lado.

Despedida

Me despedí de ti con lágrimas en los ojos,
rumbo a coger un vuelo a otros mares,
con el alma llena de temores,
sin saber si algún día volveríamos a vernos,
hoy miro con nostalgia los días que vivimos,
las noches que a tu lado tocaban lo utópico,

metí en mi equipaje,
en olor del atardecer en su mar,
la sal que la humedad dejó en mi cuerpo,
el sonido de su voz por si la olvido,
mis ganas de volver a estar contigo,
porque sé que volveremos a vernos,
ya sea en esta vida o en la siguiente,

me despedí de ti con el alma ilusionada,
sonriendo como cada vez que pienso en volver a verte,
aunque sé que a final nada será tan fácil,
es que el mundo siempre lo hace más difícil,
hoy espero con ansias el volver a abrazarte,
me calma sentirte tan cerca en cada llamada.

Hoy espero con ansias ese instante,
en que mandemos a la mierda,
a nuestros jefes,
a los políticos,
a tu hermano,
a los gilipollas de nuestros ex,
a los policías,
a cualquier subnormal,

que se lo ocurra intentar dañar ese momento,
en que vuelvan a encontrarse nuestras miradas,
en el que mi piel vuelva a sentir tus caricias,
en el que pongamos en pausa el tiempo,
y para el mundo solo importemos nosotros.

ROMA

Todos los caminos llevan a Roma,
es una expresión muy bien usada,
siempre que te encuentres en la vieja Europa,
es que las ruinas de sus cimientos,
las puedes encontrar en cada ciudad,
puentes, acueductos, villas, coliseos,
pero es solo eso las ruinas de un imperio,
de un imperio caído que ha dejado su huella,
sea Italia, España, Portugal, Alemania, Francia,
cada una de ellas está marcada en su esencia,
por la magnitud de las ruinas de Roma.

Al igual que nosotros, cada uno de nosotros,
estamos sin lugar a duda marcados,
por los cimientos de esos viejos imperios caídos,
si podemos llamar de esa manera al pasado,
a esos viejos amores que construyeron y no se quedaron,
pero si algo podemos aprender de Europa,
es que de las ruinas de un imperio caído,
se pueden construir imperios más grandes,
que aprender del pasado es importante,
y que lo que vino luego de Roma fue mejor.

TRES DÍAS CON ELLA

¿Te haces una idea de todo lo que puede pasar en 3 días?,
pues déjame contarte puedes coger un vuelo,
con una mochila llena de dudas y miedos,
puedes llegar a otra ciudad a 24° y estar tiritando,
con todo y el calor que ella va desprendiendo,
unas horas después que te estén hospitalizado,
vaya ironía viajas a por sus besos,
y terminas en urgencias...
puede que les parezca gracioso,
pero esa noche fue la cita más divertida,
ella fue tan tierna, una cita improvisada,
un par Nestea un sándwich y analgésicos por mis venas,
hasta los médicos sentían envidia de lo feliz que me hacía,
de que me calmaba más su mano que sus drogas.

Pues 3 días apenas empiezan,
y si todo comienza con tanta adrenalina,
cómo no íbamos a salir corriendo de madrugada,
por Málaga con mi mano ensangrentada,
cómo he podido disfrutar esa sonrisa,
si lo bueno de ser torpe es verla sonreír,
—ya es tarde tendremos que irnos a dormir—.

Por la mañana ella seguía a mi lado,
dormir con ella sin duda alguna me había mejorado,
pero teníamos que separar nuestros caminos,
no se preocupen fue solo por un rato,
sería solo algunas horas lejos,
pero cuando ella regresó…

sus brazos me dejaron totalmente helado,
¿era la misma chica de anoche a mi lado?,
¿dónde la han dejado?,
¡¡joder!!! ¿quién la ha cambiado?,
sí era la misma chica sintiendo distinto,
había venido ella, solo que su mente traía más miedos,
ha decido ella refugiarse,
¿de quién?,
¿de mí? sí, de mí,
mientras ella me enfriaba,
yo me iba llenando de dudas,
volvían fantasmas del pasado,
y cada minuto yo quería salir corriendo.

Si en día y medio ya había estado ingresado,
había probado lo que sana un buen abrazo,
y el frío de los besos que no me había dado,
de las caricias que me había negado.

Pero como correr es de cobardes,
yo que siempre tomo la decisión más imprudente,
decidí arriesgarme un poco más y ser valiente,
¿cenamos esta noche?... —si—...

aquí comienza otra historia,
volvió nuevamente distinta,
traía la misma pena, pero un poco de alegría,
había regresado la chica que quería que la quisiera,
traía con ella una sonrisa un tanto tímida,
pero las horas la hicieron más risueña,
ella nunca puede terminar su hamburguesa,
—por cierto si visitan Málaga les recomiendo verla con ella—,
le da una risa especial a esa ciudad,
luego un rato con unos colegas,

—de nuevo volviendo de madrugada con ella—,
la madrugada tuvo su fantasía,
las caricias ardían,
sobraban las sábanas,
cuánta conexión siento cuando nos abrazamos,
es como si ella supiera exactamente lo que quiero,
el lugar exacto de sus uñas en mi espalda,
la manera exacta de tener sus piernas entrelazadas,
para yo poder dormirme acariciando sus nalgas.

Pues a la siguiente mañana,
creía haber soñado, pero el sueño seguía ahí,
entonces quise quedarme soñando,
pero eso sí estando despierto,
solo quería pasar las horas acariciando,
cada uno de los poros de su cuerpo,
las horas cogieron el mismo rumbo de anoche,
para cuando salimos de la ducha ya era de tarde,
seguimos cada uno con nuestro día...

Pero a esto le falta más adrenalina,
dirían los que saben de catástrofes,
aquellos que dicen que son expertos en huracanes,
sin haber conocido antes a esta tormenta.

A la hora me veo esperando a uno de sus amigos,
ella estaba tan pero tan hermosa,
seguro que el mismo Zeus sentía envidia cuando la besaba,
venga si hace dos días estabas en urgencias,
con una vía metida en tus venas,
luego quería huir de su frío,
para pasar a recorrer la ciudad,
y estar después nadando en sus ríos.

Venga chaval esta historia necesita cubatas,
y fue así nos fuimos de fiesta,
puede que esto sonará absurdo,
pero disfrutaba más la noche yo con sus amigos,
que lo que ella la estaba disfrutando conmigo,
no parecía sentirse para nada cómoda,
a día de hoy creo no le gustaba,
que nadie se pudiera hacer a la idea,
de lo mucho que me encantaba.

Para terminar la noche una sorpresa,
luego de bailar y algún cubata,
nos tocaba salir a por un porrito,
y para hacernos la noche divertida 2 secretas,
con sus placas en la mano,
mejor vamos ya pa casa...

Un taxi y dormir que mañana tomas otro vuelo,
¿pero quién quiere dormir con ella al lado?,
vamos en el momento en que estás en ese estado,
quieres sentir cada rincón de su cuerpo,
por la mañana siguiente volví a despertar primero,
me apetecía admirar un poco más de tiempo,
hacer fotos de su sonrisa dormida con mis ojos,
pero todo tiene su final llegó el taxi a mi destino.

Marché de ahí con mi mente confusa,
en 3 días había vivido muchas emociones,
tenía una lucha entre miedo e ilusiones,
fue la primera vez que me vi realmente con ella,
me vi extrañando verla al despertar,
me encontré queriendo dormir acariciándola,
cerrando los fines locales nocturnos,
poniendo en la puerta el cartel de no molestar,

me dio un miedo acojonante,
la verdad pensé en desaparecer,
en lo volver a correr el riesgo de sus noches,
miedos, lo putos miedos,
que siempre quieren vencernos,
¿será que tenemos miedo a ser felices?,
de ser así quiero enfrentarme a esos miedos y vencerlos,
no pienso ser el cobarde que salga huyendo.

PASEO POR EL MEDITERRÁNEO

Hoy mientras caminaba por la playa,
iba observando a una pareja de turistas,
por el acento de ella sospecho era británica,
además, el sol de abril la tenía ya roja,
luego lo miré a él un tío cualquiera,
con una tía tan hermosa...

A él parecía importarle poco lo que pasaba alrededor,
estaba totalmente concentrado en la chica con que paseaba,
ella caminaba a su lado irradiando magia,
él la tomaba de la mano, y ella sonreía,
se podía sentir la tensión entre ellos,
la corriente de energía entre sus manos,
podía percibir que ellos podían entenderse,
simplemente intercambiando una mirada,
es que se nota cuando la gente va conectada,
seguramente te preguntas ¿por qué me generó tanto interés?

Y es que él me recordó a mí caminado,
en otra ciudad del mediterráneo,
al verlos a ellos,
nos vi a nosotros,
cuando intento tomarte de la mano,
y con esa sonrisa te quedas mirando,
y yo entiendo,
perfectamente lo que estás diciendo,
sin que siquiera decirlo,
y te suelto la mano,
ella me recordó a ti apagando,
el mundo a mi alrededor,
ojalá podamos volver a ser ellos...

PALABRAS EN LA GARGANTA

Aterrizaba nuevamente,
en ese aeropuerto,
se había vuelto algo recurrente,
aunque hoy me sentía diferente,
tenía miedo del reencuentro,
duda de cómo sería tenerla de frente.

Ella había pasado a conocerme tanto,
la verdad es que solo quería conocerla,
cuando la conocí, desvestirla;
poder hablar un poco con ella,
pero he terminado necesitándola,
nunca me había gustado tanto la palabra tonto,
como cuando la dice esa boca,
ni había sentido lo que siento cuando me toca,
me he vuelto un adicto a acariciarla,
a sentirme en una total calma,
cuando duermo a su lado,
un puto yonkie que su pecado,
al que por miedo a asustarla,
se le quedan las palabras atascadas,
al que por el miedo a perderla,
se le ha quedado un te quiero,
atascado en la garganta...

Días de invierno en primavera

La primavera trae consigo mis alergias,
que habían quedado aparcadas en septiembre,
siento al acecho de mi espada de Damocles,
en fin, con el calor también llegan tardes tristes,
días más largos en los que aparentamos ser felices,
lo difícil es lograr que te vean siempre con una sonrisa,
sin importar lo roto que te veas tú por dentro,
sin importar que tú te sientas en invierno,
días donde es más fácil quedarte en el cuarto,
a oscuras solo con sus sentimientos,
que colgarte tu armadura y salir sonriendo,
hoy me desperté y sentía en cuerpo ligero,
creo que mi invierno necesitaba el peso de sus abrazos,
el café me resultaba la verdad tan insípido,
¿será el recuerdo del sabor de sus besos?,
que aunque fríos y mucha veces tan esquivos,
la verdad no sé el motivo por el que extraño esos labios.

En fin, volvamos a dormir otro rato,
que pronto llegará el verano,
que trae con él sus más de 30 grados,
y Barcelona se volverá un horno,
no podrás pasar los días encerrado,
entonces ahí dejará esto aparcado,
pondrás la nostalgia bajo un candado,
hasta que vuelva un octubre cartero,
a abrir la cerradura de tus miedos,
cargado de la añoranza de tus recuerdos.

LO DIFÍCIL DE SALIR DE SU CAMA

Eran pasadas las 12 cuando despertaba,
giré mi cabeza,
y estaba ella al lado de mi almohada,
dormía, se veía tan libre, tan segura,
mientras mi mano la acariciaba,
se le iba brotando una sonrisa tímida,
yo solamente quería parar el tiempo,
quedarme en esa imagen atrapado,
en fin, quería seguir a su lado,
quería dormir con mi mano es su culo,
poder notar cómo se acelera su respiración,
según mis dedos la van acariciando,
no saben lo difícil que es querer despertar,
llamemos despertar al salir de su regazo,
a descolgarse de sus brazos,
hoy diré que afuera está lloviendo,
aunque no se vea no una sola nube en el cielo,
mañana ya veremos,
pero hoy,
solo quiero sentirla,
solo quiero vivirla,
solo quiero volver a verla despertar mañana...

El plan perfecto

Sentado en una terraza,
esperándola a ella,
con las alas de un porro encendidas,
con la luz tenue de una vela,
leyendo un libro de poesía,
sabían estará a mi lado en la madrugada,
y al despertar mañana por la mañana,
si este no es el plan perfecto…,
¿cuál podría serlo?,
qué puede ser mejor que despertar con ella,
que desayunar-la a ella,
que soñar con ella,
cuando duerme a tu vera.

LA DESPEDIDA QUE NO FUE

Ella temía tanto a la idea de ser feliz,
que prefirió dejarme ir,
ella temía tanto que la quisieran,
que prefirió volver a llorar,
ella temía tanto que la dejaran,
que prefirió dejarme pasar.

Pero ella lo que de verdad le aterraba,
era dejarse querer y que me marchara,
eligió la tristeza y el llanto ahora,
que correr el riesgo de quedar nuevamente rota.

Yo hoy no estoy triste, ni siquiera molesto,
yo no podía darle más que esto,
ya le había regalado mi tiempo,
le había abierto la puerta de mis miedos,
la llave del sótano de mis secretos,
del desván de mis besos,
¿qué más podría darle yo?,
quizás lo mejor sea recoger los trozos,
de este destrozo,
que fuimos nosotros,
ponerlos bajo cero,
dejar un mar de promedio,
solo que yo no he aprendido a salir corriendo.

Y si el cementerio está lleno de valientes,
yo nunca quise morir de vejez,
si no llegan a historias los amores cobardes,
elegí la opción de quedarme,
decidí echarte a suertes,
arriesgarme a perder,
esperando volverla a ver...

EL ARTE DE ESCRIBIR

Escribir es el arte,
de convertir el alma en mártir,
de pausar nuestro latir,
de tocar el filo cortante,
de nuestra espada de Damocles,
de macerar las penas en cócteles,
de rasgar las cicatrices,
de poner a secar nuestros miedos
al sol cuando está afuera lloviendo,
de escurrir nuestro pasado,
y que los vayan secando,
el calor de nuevas ilusiones,
para luego dejar los versos tristes,
y escribirles a nuevos amores,
de encontrar nuevos horizontes,
que despejen tus temores,
escribir es el arte,
es el arte de decir lo con sientes...

MIS DÍAS LEJOS DE ELLA

Qué fría se está sintiendo la primavera,
cómo hiela la madrugada a 18grados,
aunque mi cuerpo se encuentra ardiendo,
mi alma pasó la noche tiritando.

Qué fría se está sintiendo la primavera,
lejos de sus huesos, de su hoguera,
cómo es posible lo que ella calienta,
con su sonrisa y su metro sesenta,
con su cara durmiendo de madrugada,
cuando en mi pecho se encuentra anclada,
cuando está a mi lado acurrucada,
¿quién pudiera entrenar con los Yadrat?,
así podría darle calor a estas noches,
así no tendría que escuchar por altavoces,
¿quién pudiera teletransportarse?,
despertar cada día en una ciudad diferente,
recorrer de su mano por la muralla china,
por las noches un cubata por la Habana,
dormir en la siempre fría Antártida.
.....
Así quizás esté abril tuviera más colores,
ahogaríamos estas dudas en otros mares,
me consuela saber que este marzo imprudente,
un ave de acero emprenderá un viaje,
surcará los cielos y me llevará a verte,
así podrías volver nuevamente,
a dejarme dormir acariciándote,
a dejarme despertar observándote,
podré volver a no dejar que te marches,
por la mañana cuando despiertes...

CUANDO LA CONOCÍ

Cuando la conocí con su alma amurallada,
llena de agujeros de metralla,
por el fuego de sus amores fracasados,
ella habitaba en la ciudad del desamor,
que era asediada por su pasado,
había aprendido a convivir con sus miedos,
no tenía ganas, ni quería más desilusiones,
pero yo que quería ser un kamikaze,
total, yo habitaba en la ciudad de las desilusiones,
si yo ya había perdido el miedo a las explosiones.

Yo tenía años de tocar pieles sin sentirlas,
habitaba en las pasiones vacías,
en las noches de sexo sin travesías,
en cuerpos que no me llenaban de fantasía,
en el dolor que deja el placer sin poesía,
¿qué más daba estrellarse contra sus defensas?

Cuando la conocí no pensé que se convertía,
en el subterfugio perfecto,
para salir huyendo del constante tedio,
en el que yo me encontraba sumido,
ni que sería capaz de vencer sin saberlo,
la resistencia que ponían mis miedos,
que ese vuelo suicida hacia su cuerpo,
me haría verme nuevamente sintiendo,
ha sido un viaje con muchas turbulencias,
con muchas despedidas asesinas,
que solo me han dejado con más ansias,

de volver a encontrarla,
de volver a abrazarla,
de volver a besarla,
en fin, de volver a verla.

Cuando la conocí no sabía,
que iba a tener tantas ganas de vivirla,
cuando la conocí no sabía,
que iba a tener tantas ganas de quererla.

GUERRAS INTERNAS

Cada uno de nosotros elige sus propias guerras,
yo no sé si por cobarde o pecar de valentía,
he sido un mercenario en batallas perdidas,
creer en remontar un 0/3 en la vuelta,
en que siempre es posible con una gambeta,
como diría Gardel se pierde por una cabeza,
que justo en la raya afloja al llegar.

Y si es verdad muchas batallas las he perdido,
nunca, pero nunca fue por haberme rendido,
siempre se puede patear en el minuto noventa,
un penalti a lo Panenka,
si cuando todo parece en tu contra,
cuando parece eminente la derrota,
siempre puedes arriesgarte a improvisar,
jugártela que siempre duele más la derrota,
es que se disfruta mucho más la victoria,
cuando se gana una batalla perdida.

No me resulta distinto en el juego del querer,
aquí pienso que no pierde quien quiere más,
sino quien tiene más miedo a arriesgar,
ya que es quien juega con el miedo a perder,

para mí cada día es una victoria,
cada noche una lucha por el podio,
no llevo prisa por llegar primero,
no anhelo ser quien se lleve la gloria,
yo tan solo quiero volver a luchar mañana,
pararme a fumar en la ventana,
y luchar otra vez bajo la sábana,

y si logro quitarle las lágrimas,
a las puertas de su alma,
me sentiré vencedor hasta dentro de 3 semanas,
si llego a probar el sabor de la derrota,
si no logro pegar un alma rota,
estoy seguro que nadie está roto por siempre,
puede que lo deje todo a la suerte,
y miraré por los resquicios,
de este desastre que fuimos,
del abismo que construimos,
y sentado ahí al borde de ese precipicio,
ahí en ese preciso instante,
sonreiré mirando al frente,
y me volveré a sentir ganador,
recordaré los días vividos,
es que cada día juntos,
fue una guerra que no perdimos,
fueron marcadores en contra que remontamos,
sonreiré con los recuerdos,
de esas batallas que sigamos.

NOTAS DE MADRUGADA

Son las 5am, entre dormido y despierto,
te encuentras en mi cabeza,
girando como una noria,
una vuelta, tras otra y otra,
intentando engañar mi subconsciente,
para entonces así de tanto pensarte,
por la mañana cuando me despierte,
habré entonces podido soñarte,
escribo esto bastante somnoliento,
escribiendo en verso la ilusión que siento,
por volver a dormir teniendo cerca su aliento,
de poder despertarla más de 3 días seguidos,
a las 13 de la madrugada escribiendo,
mis poemas el braille por su cuerpo,
de hacerte sentir que se detiene el tiempo.

OBSERVARLA

Me hace feliz observarla,
mientras duerme a mi lado de la cama,
me hace feliz verla soñar,
con esa leve sonrisa,
dibujada en su cara risueña,
con su cabello echado a volar,
me hace feliz acariciarla,
mientras le escribo en clave morse,
los poemas que no me atrevo a mostrarle,
las cosas que no me atrevo a decirle,
que sus mejores días aún están por escribirse,
que quiero cuidar sus sueños por las noches,
y que me parece mucho más bella,
cuando despierta por la mañana con ojeras,
con ondas en su cabello y despeinada,
incluso cuando despierta malhumorada,
que me hace sentir feliz,
siempre que la tengo a mi lado,
en fin...
solo quería contarle,
que ya quiero que sea mañana,
para poder nuevamente despertarle,
contarle que cuando se sienta triste,
le tendré siempre,
un abrazo reservado.

INVIERNOS EN VERANO

Y de repente entrado junio,
con el sur de España en pleno verano,
donde el sol quemaba a más de 30 grados,
la tormenta que tenía meses siguiendo,
dejó atrás sus vientos cálidos,
sus envistes me seguían quemando,
pero ahora solo quemaba el frío,
se sentía más como un enero,
ella ya no era una tormenta,
no dibujaba huracanes, pasó a ser una ventisca,
sus aires aún me abrazaban,
mientras yo sentía que me helaba,
qué irónico resulta calentarse en una hoguera,
en la que solo lo pasado ardía,
los expertos en meteorología,
dicen que tales condiciones,
a esta época del año son imposibles,
ya intenté hablando con charlatanes,
que dicen ver el futuro en sus visiones
intenté entenderlo leyendo el horóscopo,
pero no he tenido suerte ni con adivinos,
ni con expertos altamente calificados,
no he logrado encontrar la respuesta,
tocará sacar la ropa de esquiar de la maleta,
porque dentro de mí sospecho,
que este venidero mes de agosto,
en donde me encuentre estará nevando.

LA BALANZA

La clave está en el equilibrio,
no debes llevar algo de dos,
al ritmo frenético de competición,
no es necesario llevarlo a ritmos de infarto,
no hemos venido con un corazón de repuesto,
por lo cual todos lo hemos tenido roto,
no hay que poner toda la leña en la hoguera,
porque el fuego se vuelve voraz,
y si te consumes en diciembre toda la madera,
cómo lograras llegar a la primavera,
con 18 años crees que querer,
es darlo todo de golpe,
y a los 3 meses la pasión se desvanece,
en ese momento donde empiezan las cicatrices,
según te vas llenando de ellas,
empiezas a darlo todo con más calma,
entender que no es quién da más,
que conduces a 160km a ciegas,
que para sobrevivir al duro invierno,
hay que poder equilibrar el fuego,
poner la leña poco a poco,
soplar y poner hojas si se está agotando,
y superados esos momentos fríos,
ir cultivando más leña para el próximo,
en fin, en esto todo se trata,
de
    mantener
           la balanza
   de las ganas.
        EQUILIBRADA.

PROFESION: CUIDADOR DE TAMAGOTCHI

¿Cómo resumir estas semanas?,
¿cómo explicar lo fácil que pasa el calor al frío?,
¿cómo contar esto sin que me dé escalofrío?,
voy a resumirlo intentaré no irme por las ramas.

Los días con ella fueron un incendio,
pasaron entre nosotros fuertes lluvias,
pero ahí bajo nuestra piel aún ardían,
todas las sonrisas guardadas en una fotografía,
quién diría que antes pasaron tempestades,
pero nada es perfecto hubo discusiones,
se pusieron entre medio algunos huracanes,
incluso llegamos a pasar por los hospitales,
viajamos por teorías de conspiraciones,
exploramos hacer de dibujos portales,
y escuchamos a sirenas con sus canciones,
también causamos algunas inundaciones,
vaya ese cubo de agua con luces de colores,
sin duda ella es un parque de atracciones,
una montaña rusa en la que los límites,
de sus curvas se miden en ecuaciones,
aunque tuvimos tantas emociones,
aunque no todos los días fueron fáciles,
les aseguro que siempre fueron felices.

Los días con ella son mejor improvisados,
como ir a ver un castillo,
pero acabar cenando,
con las risas de una feria de verano,
aprendí que si afuera está lloviendo,
no puedes estar en la playa tumbado,

pero sí puedes subir las escaleras de un pueblo,
qué bello día con ella de mi brazo,
aprendí que para ella me divierto cocinando,
también he acabado descubriendo,
que para dormir el mejor medicamento,
es cerrar los ojos si la estás acariciando,
que si ella no logra dormirse,
lo mejor es dormirme a sus pies,
que por la mañana no la despiertes,
es peligrosa antes del 2do café,

En resumen, he descubierto mi vocación,
quiero pasar mis días viéndola sonreír,
creo saber lo que la hace feliz,
quiero ser un cuidador de tamagotchi.

EL MAR Y SUS RECUERDOS

El mar y su imprudente comportamiento,
su perfume volando en el viento,
su sonrisa dibujada en mi pensamiento,
el mar me recuerda a ella,
en cada ola puedo ver su cintura,
el sol me hace sentir como su cuerpo,
en las palmas de mis manos,
puedo sentir que la acaricio,
mientras la punta de mis dedos,
van en la arena leyendo,
cada uno de mis poemas escritos,
pensando en ella en sus besos,
en las noches durmiendo a su lado,
y por mí recorrer un sentimiento,
o quizás sea un presentimiento,
de que escucharé su voz,
susurrándome al oído,
una voz que me está diciendo,
que la seguiré despertando,
muchos mañanas mientras la estoy acariciando,
que aún me quedan muchos poemas,
por escribirle,
que aún me quedan muchas lunas,
para sentirle,
que aún me quedan muchos días,
para extrañarle,
pero sabiendo siempre que con ella,
mis días son más felices.

DESDE EL DÍA QUE TE CONOCÍ

Desde el día que te conocí,
deje de verme en Barcelona,
y es que yo me veo junto a ti,
dormirme siempre de madrugada,
acariciándote la espalda,
y al despertar,
decirte que te quiero para mí.

DESDE EL BALCÓN DE SU CASA

Ayer ella me preguntaba,
¿por qué me quedaba observándola?,
le respondí —escribiendo—, la hacía un poema,
yo estaba buscando la palabra adecuada,
para explicarle lo feliz que ella me hacía,
es que vivimos en un mundo lleno de derrotas,
de gente que guapa con el alma rota,
de gente que prefiere crear heridas,
antes de intentar curarlas,
pero cuando la miro a ella ahí sentada,
al lado mío yo me siento victorioso,
me sentía un ganador ante la vida,
sentía como con ella el mundo se detenía,
y ahí por un instante todo era perfecto.

Ojalá pudiera encontrar las palabras adecuadas,
para explicarle el bien que me hace,
es como jugar al póker con mano de ases,
como decirle que me guardo algunas palabras,
para decírselas con caricias en su espalda,
que me guardo algunos besos para no agobiarla,
antes de conocerla mis días eran tranquilos,
y por las noches mi cabeza un baile de cuchillos,
pero ahora duermo feliz cada vez que la pienso.

Que una botella de vino a la orilla del mar,
una cena bajo la luna de las estrellas,
una velada escuchando sevillanas,
desde el balcón de su casa,
da para un buen poema,

y con ella he aprendido,
que solo escribo bien cuando digo lo que siento,
y hoy siento que la quiero,
que a su lado todo lo puedo,
que podría escribirle 20 libros,
y aun así me faltarían palabras,
para describir esa sonrisa.

PASAR MIS DÍAS CON ELLA

Lo último que vi antes de irme a dormir,
fue su rostro sonriente,
mientras su mente viajaba libremente,
por las líneas del libro que ella leía,
la alumbra una luz un tanto tenue,
y ella se perdía en universos diferentes,
cerré ojos buscando poder soñarla,
mientras acariciaba mis pies con los de ella,
al despertar luego por la mañana,
llamar mañana al ocaso de la madrugada,
me giré y la vi a ella tumbada,
ahí al lado mío en la misma cama,
con su cuerpo medio desnudo,
y yo solo podía exclamar ¡soy afortunado!,
mientras me preguntaba,
¿será ella descendiente de Calíope?,
¿será que podré sentirme así siempre?,
ella se giró, recostó su cabeza en mi pecho,
me cogió con sus brazos,
y de un solo abrazo,
mezclado con un pequeño beso,
fue capaz como siempre con toda su ternura,
de borrar de mi cabeza cada una de mis dudas,
de sacar de mí la nostalgia,
de mi eminente partida,
por la esperanza,
de poder pasar mis días con ella.

PILOTO AUTOMÁTICO

Una mañana me desperté,
pensando que, desde ya hace un tiempo,
mis días pasan modo piloto automático,
como si las páginas del almanaque,
fueran pasando una hoja tras otra,
sin que en ellas se escribiera mayor relevancia,
hasta que llegan esos días en que se detiene,
para llenar la hoja del día de magia,
el día se reproduce a 0,5 de velocidad,
llenando al máximo antes de pasar la siguiente
hoja de mis días con ella. Mis noches a su lado,
queriendo apurar al máximo los minutos,
queriendo alargar el tiempo extra sus abrazos,
en fin, parece que últimamente solo pauso,
a escribir cosas en mis días,
cuando mis días son ella,
el resto solo acaricio las marcas,
de sus uñas en mi espalda,
solo pienso en lo bella de su sonrisa,
solo arrancó una tras otra las hojas,
de este almanaque que hay en mi cocina,
que solo se detiene cuando la tengo cerca,
el resto del tiempo se llena extrañándola.

AGONIZA AGOSTO

Hoy me desperté con el augurio,
de que Barcelona se convertía en río,
hoy me desperté con el presagio,
de que este agosto estaba agonizando,
que el cielo estaba llorando,
anunciando la muerte del verano,
aunque venga septiembre con los coletazos,
de los vientos cálidos que quedaron rezagados,
hoy me he despertado,
me giré en la cama y me vi solo,
con mi almohada y media cama vacía,
con el silencio del ruido de la ausencia de su risa,
hoy me he despertado lleno de nostalgia,
es que en un domingo de agosto con lluvia,
solo me apetece quedar a ver morir,
el irreverente verano,
acostado en mi cama,
con ella a mí lado,
de sus piernas abrazado,
aferrándome al roto de su ombligo,
hoy me he despertado,
queriendo hacerla mi refugio,
para hacer arder el invierno,
hoy me he despertado,
con la noticia en todos los periódicos,
que se encuentran anunciando,
el triste sepulcro,
sin misas de réquiem,
de este agosto.

DÍAS DE RELIGIÓN

Los domingos son día de Misa,
los curas van pregonando en las iglesias,
4 veces al día las mismas palabras,
premeditadas con alevosía,
es domingo y no pienso salir de la cama,
para ir a escuchar sus mentiras.

Es domingo,
y yo creo en los milagros,
es domingo,
y mi misa son sus gemidos,
es domingo,
y yo cambio el sermón por sus besos,
es domingo,
y afuera está lloviendo,
es buen día para pasarlo entre versos,
o aferrarme al milagro de su cuerpo,
afuera pararé estar enfriando,
pero aquí dentro,
parece que Dios hizo un milagro,
dentro de ti está también diluviando,
dentro de ti el día está ardiendo,
hoy es domingo,
y yo prefiero rezar entre sus piernas,
que ir a escuchar palabras necias,
prefiero leer la palabra de su risa,
quitarle a Barcelona su prisa,
para que seamos nosotros la primicia,
de nuestros cuerpos durmiendo la siesta,
para lidiar con el agotamiento,
de esos orgasmos lentos,

a la par de nuestros cuerpos queriéndose,
a la par de nuestras almas tocándose,
a la par de nuestros días perdiéndose,
y yo me declaro un peregrino,
un fiel seguidor de ella,
mi religión sin duda alguna,
es ella.

SILENCIOS

Hay silencios que gritan,
nos comunicamos de otras formas,
que en tanta paz las palabras estorbarían,
y es que me he esforzado,
he pasado horas buscando en el diccionario,
el verbo adecuado para definirlo,
pero no, no lo he encontrado,
puede que no exista tiempo verbal,
que defina el mirar esa sonrisa,
o que defina el conectar de las miradas,
o las cosas que me gritan sus uñas,
al hacerme cosquillas por la espalda,
hay sin duda alguna en silencio que gritan,
que hablan entre manos entrelazadas,
que se pierden en aguas azules,
silencios, que no son comunes,
silencios, que gritan lo que ya sabemos,
silencios, que dicen que nos queremos,
silencios, que en tiempo verbal futuros,
silencios, que dicen quédate conmigo,
silencios, que borran pasado,
silencios, que dejan la mente en blanco,
silencios, que dicen contigo me siento cómodo,
silencios, y mil maneras de comunicarnos.

VUELA Y VUELVE A MÍ

Yo la vi ahí encerrada en esa jaula,
de barrotes invisible llamada Zoociedad,
en la que cada vez que quería abrir sus alas,
cada vez que ella decidía intentar volar,
se daba de bruces contra esos barrotes,
no como esos que impiden el vuelo de las aves,
eran más de ese tipo de prisiones,
de las que no se sale sin lesiones,
es que cada vez que intentas salir de ellos,
te entra la ansiedad, ya que los custodios,
de dicha prisión son tus miedos.

Yo una tarde cualquiera la vi de casualidad,
me puse mi armadura acorazada,
hecha de cartón y hojas secas,
intentaba decirle ¡VENGA TÚ PUEDES DESPEGAR!,
pero ella se echó a llover y el agua,
destrozando el cartón y las hojas se echaron a volar,
quedándome yo ahí indefenso ante ella.

Van pasando los meses desde que la conocí,
yo sigo queriendo verla libre, verla feliz,
quiero que vuele pero que siempre vuelva a mí,

ahora esos barrotes parecen haber desaparecido,
pero como los Marines al volver de la guerra,
ella aún siente estrés postraumático,
aún siente debajo de la piel las heridas,
que sin piedad alguna le propicio el pasado,
la verdad es que solo, quiero no verla en esa jaula,
nuevamente.

Mi armadura que se encuentra destrozada,
no sobreviviría otra envestida de tormenta,
quiero arrumbarla junto a sus miedos en el desván,
de los hoteles que visitemos,
en las habitaciones que inundemos,
con los jacuzzis que vaciemos,
con todos los besos que aún le debo,
y es que se avecina el mes de septiembre,
y yo me encuentro como un trapecista,
con todo y eso de que soy más de tierra,
que de aire, me veo colgando en un alambre,
para soltarla en lo alto y verla volar,
como lo hacen las aves en otoño,
pero realmente lo que quiero es que vuele a mis brazos,
ya que he encontrado al verano agonizando,
a la vuelta de la esquina del siguiente invierno,
las hojas empiezan a caer anunciando el otoño,
vuela alto,
vuela,
vuela,
cuando te acerques al sol a las estrellas,
ven a mí convertida en una hoguera,
para hacer de este invierno primavera,
vuela alto,
vuela,
vuela,
y regresa siempre por las noches a mi vera,
que yo volveré a sacar mi armadura de mentira,
y pasaré si es necesario las madrugadas en vela,
por si vuelven los miedos listos para atacar,
estar preparado para protegerte mientras sueñas,
para matar a tus demonios con caricias,
y así por la mañana puedas volver a volar,
sin que esos infames aten de nuevo tus alas,

esperando siempre que en el ocaso del atardecer,
vueles de nuevo a mí, a refugiarte,
del frío del pasado que te atormenta por las noches,
vuela lejos,
vuela alto,
vuela feliz,
vuela libre,
y siempre que quieras vuela junto a mí.

ÍNDICE